문제도 풀고 좋은 기억도 만드는 치매 예방 프로그램

할머니, 할아버지와 함

치매 예방 &
두뇌 트레이닝

2

도서출판
예율

할머니, 할아버지와 함께하는

치매 예방 &
두뇌 트레이닝 **2**

초판 1쇄 인쇄 ┃ 2018년 12월 13일
초판 3쇄 발행 ┃ 2020년 7월 10일

지은이 ┃ 도서출판 풀잎
펴낸이 ┃ 도서출판 풀잎
디자인 ┃ 부성
펴낸곳 ┃ 도서출판 풀잎
등 록 ┃ 제2-4858호
주 소 ┃ 서울시 중구 필동로 8길 61-16
전 화 ┃ 02-2274-5445/6
팩 스 ┃ 02-2268-3773

ISBN 979-11-85186-65-8 13690

• 이 도서의 국립중앙도서관 출판예정도서목록(CIP)은 서지정보유통지원시스템 홈페이지
  (http://seoji.nl.go.kr)와 국가자료공동목록시스템(http://www.nl.go.kr/kolisnet)에서
  이용하실 수 있습니다. (CIP제어번호 : CIP2018038511)

※ 이 책의 저작권은 〈도서출판 풀잎〉에 있습니다. 저작권법에 의해 보호를 받는 저작물이므로
  무단 전제와 복제를 금합니다.
※ 이 책은 www.shutterstock.com의 라이선스에 따라 적용 가능한 이미지를 사용하였습니다.
※ 잘못된 책은 〈도서출판 풀잎〉에서 바꾸어 드립니다.

문제도 풀고 좋은 기억도 만드는 치매 예방 프로그램

할머니, 할아버지와 함께하는

치매 예방 &
두뇌 트레이닝

2

도서출판

숨은 그림 찾기

숨어 있는 그림을 찾아 주세요.

다른 그림 찾기

위와 아래에 있는 그림을 자세히 살펴보세요. 다른 그림이 10개가 있습니다. 모두 찾아 주세요.

같은 그림 찾기

다음 그림 중에 같은 그림 2개를 찾아주세요.

미로 찾기
미로를 찾아 탈출하세요.

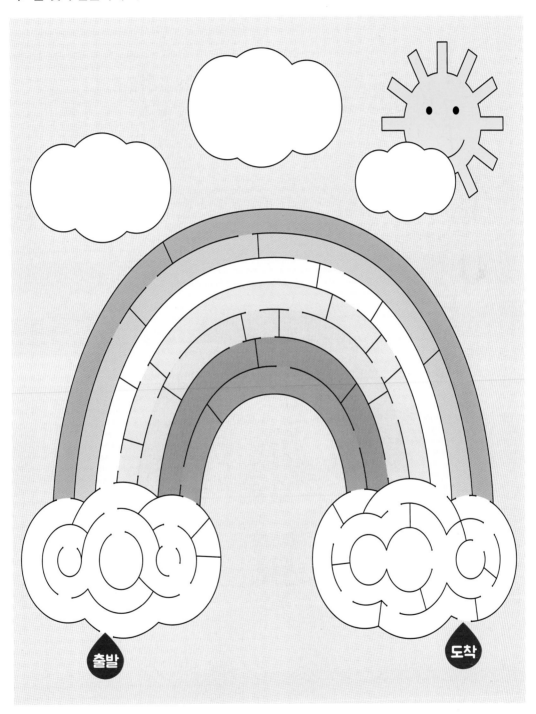

갯수 맞추기

보기와 같은 그림이 몇개나 있을까요? 네모 안에 갯수를 써주세요.

그림자를 찾아 주세요.

그림과 모양이 같은 그림자를 찾아 주세요.

미로 찾기

미로를 찾아 탈출하세요.

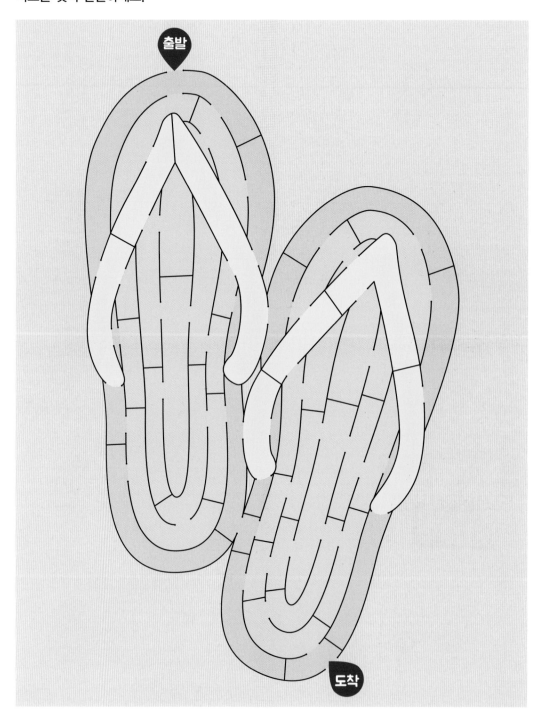

그림을 보고 계산해주세요.

저울에 올라간 물건의 합을 보고 물건의 무게가 얼마인지 알아내서 문제를 풀어 주세요.

숨은 그림 찾기

숨어 있는 그림을 찾아 주세요.

다른 그림 찾기

위와 아래에 있는 그림을 자세히 살펴보세요. 다른 그림이 7개가 있습니다. 모두 찾아 주세요.

같은 그림 찾기

다음 그림 중에 같은 그림 2개를 찾아주세요.

미로 찾기

미로를 찾아 탈출하세요.

갯수 맞추기

보기와 같은 그림이 몇개나 있을까요? 네모 안에 갯수를 써주세요.

그림자를 찾아 주세요.

그림과 모양이 같은 그림자를 찾아 주세요.

미로 찾기

미로를 찾아 탈출하세요.

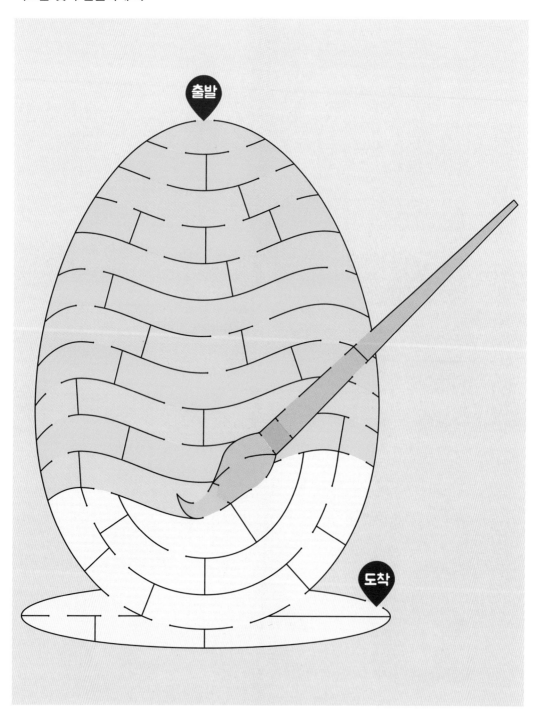

문제도 풀고 좋은 기억도 만드는 **치매 예방 프로그램**

그림을 보고 계산해주세요.

저울에 올라간 두 개의 추에 합이 오른쪽과 왼쪽이 똑같게 해주세요.

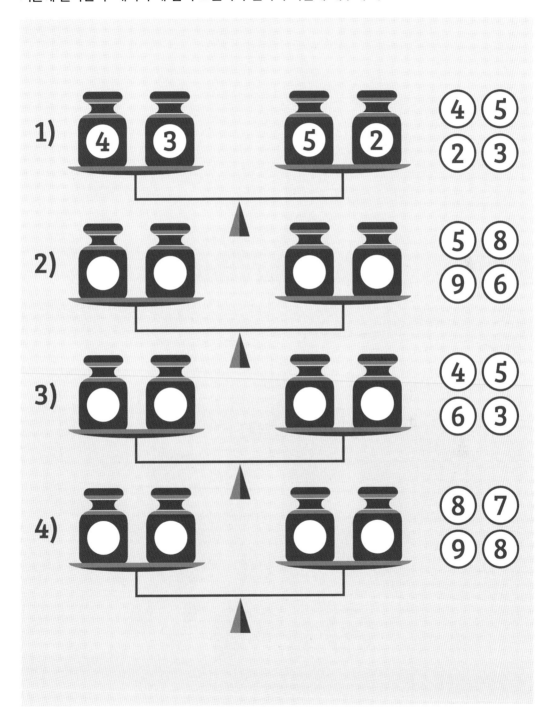

숨은 그림 찾기

숨어 있는 그림을 찾아 주세요.

다른 그림 찾기

위와 아래에 있는 그림을 자세히 살펴보세요. 다른 그림이 10개가 있습니다. 모두 찾아 주세요.

같은 그림 찾기

다음 그림 중에 같은 그림 2개를 찾아주세요.

문제도 풀고 좋은 기억도 만드는 **치매 예방 프로그램**

미로 찾기

미로를 찾아 탈출하세요.

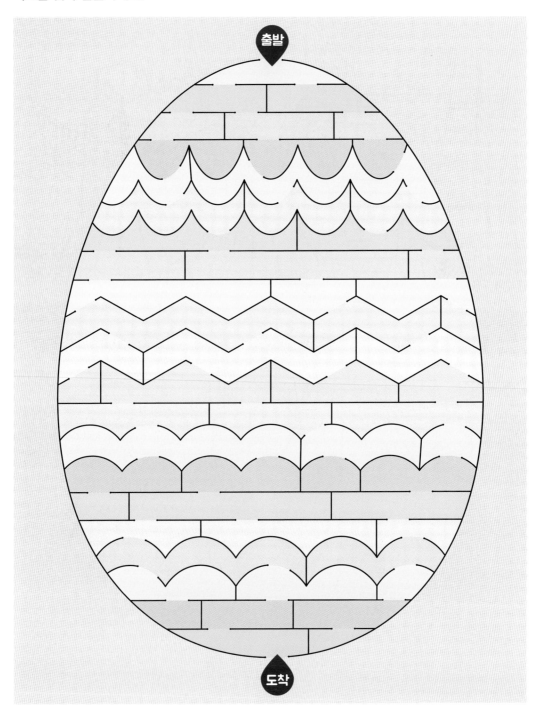

갯수 맞추기

보기와 같은 그림이 몇개나 있을까요? 네모 안에 갯수를 써주세요.

문제도 풀고 좋은 기억도 만드는 **치매 예방 프로그램**

그림자를 찾아 주세요.

그림과 모양이 같은 그림자를 찾아 주세요.

미로 찾기

미로를 찾아 탈출하세요.

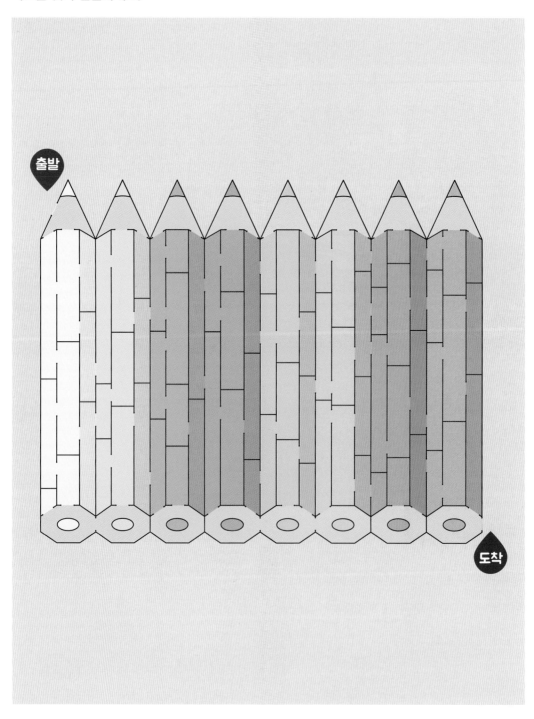

문제도 풀고 좋은 기억도 만드는 **치매 예방 프로그램**

그림을 보고 계산해주세요.

저울에 올라간 물건의 합을 보고 물건의 무게가 얼마인지 알아내서 문제를 풀어 주세요.

숨은 그림 찾기

숨어 있는 그림을 찾아 주세요.

다른 그림 찾기

위와 아래에 있는 그림을 자세히 살펴보세요. 다른 그림이 10개가 있습니다. 모두 찾아 주세요.

같은 그림 찾기

다음 12개의 그림 중에 좌우가 반전된 그림을 모두 찾아 주세요.

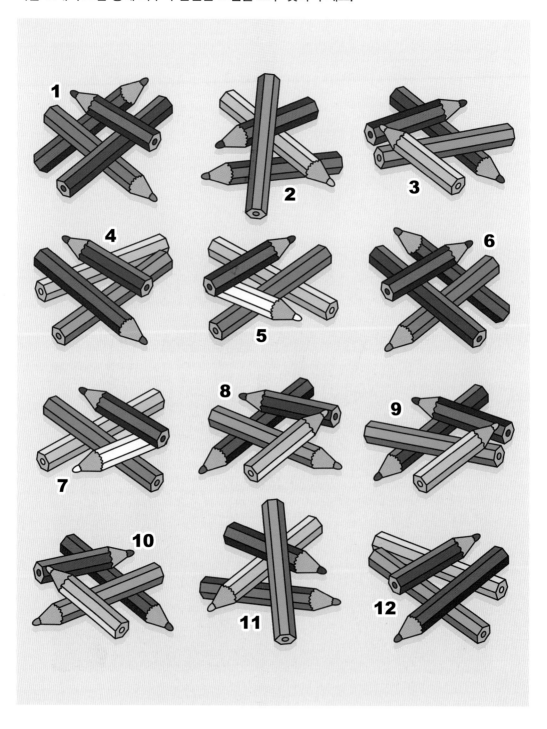

문제도 풀고 좋은 기억도 만드는 **치매 예방 프로그램**

미로 찾기

미로를 찾아 탈출하세요.

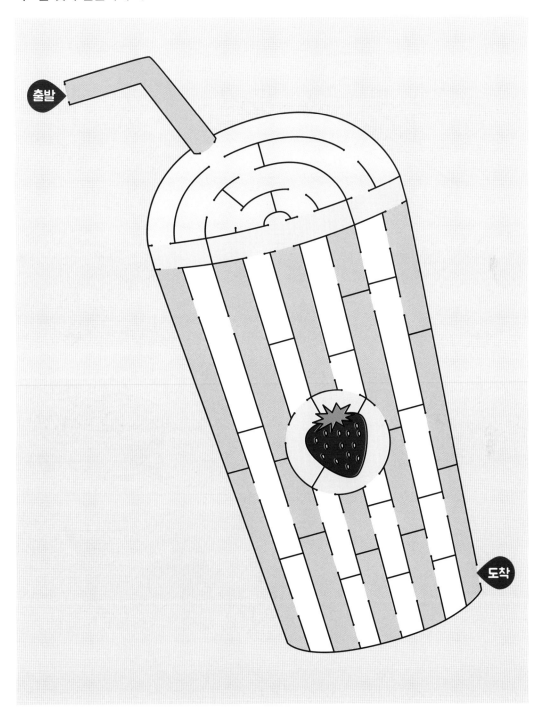

갯수 맞추기

보기와 같은 그림이 몇개나 있을까요? 네모 안에 갯수를 써주세요.

그림자를 찾아 주세요.

그림과 모양이 같은 그림자를 찾아 주세요.

미로 찾기

미로를 찾아 탈출하세요.

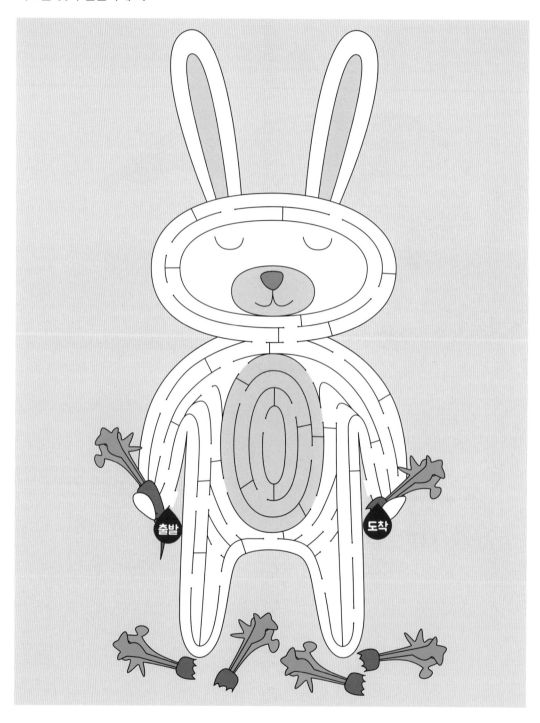

그림을 보고 계산해주세요.

저울에 올라간 물건의 합을 보고 물건의 무게가 얼마인지 알아내서 문제를 풀어 주세요.

숨은 그림 찾기

숨어 있는 그림을 찾아 주세요.

다른 그림 찾기

위와 아래에 있는 그림을 자세히 살펴보세요. 다른 그림이 10개가 있습니다. 모두 찾아 주세요.

같은 그림 찾기

다음 그림 중에 같은 짝의 슬리퍼를 모두 찾고, 남은 1개의 슬리퍼를 표시해 주세요.

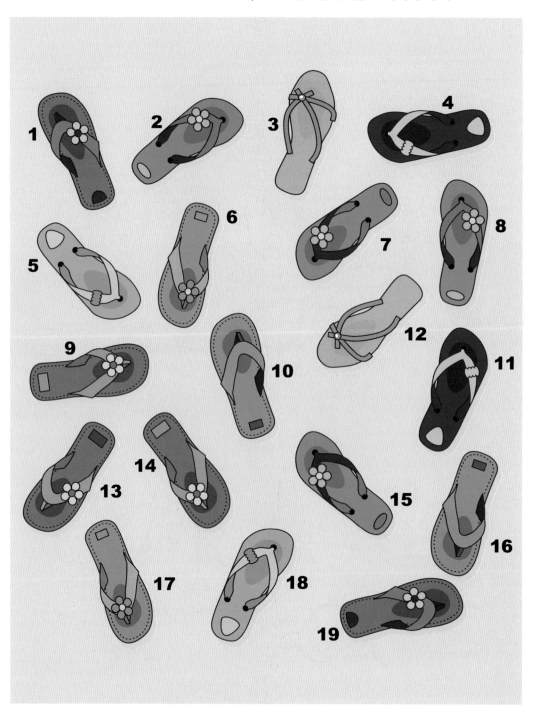

미로 찾기
미로를 찾아 탈출하세요.

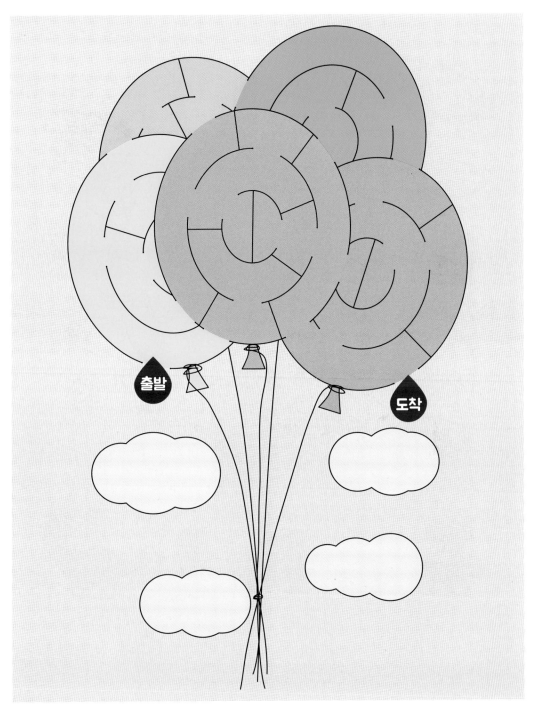

갯수 맞추기

보기와 같은 그림이 몇개나 있을까요? 네모 안에 갯수를 써주세요.

그림자를 찾아 주세요.

그림과 모양이 같은 그림자를 찾아 주세요.

미로 찾기

미로를 찾아 탈출하세요.

그림을 보고 계산해주세요.

저울에 올라간 물건의 합을 보고 물건의 무게가 얼마인지 알아내서 문제를 풀어 주세요.

숨은 그림 찾기

숨어 있는 그림을 찾아 주세요.

다른 그림 찾기

위와 아래에 있는 그림을 자세히 살펴보세요. 다른 그림이 10개가 있습니다. 모두 찾아 주세요.

같은 그림 찾기

다음 그림 중에 같은 그림 2개를 찾아주세요.

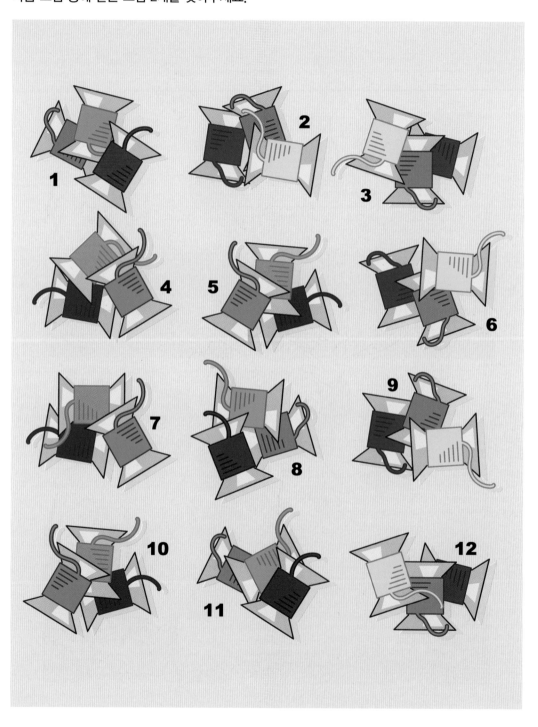

미로 찾기

미로를 찾아 탈출하세요.

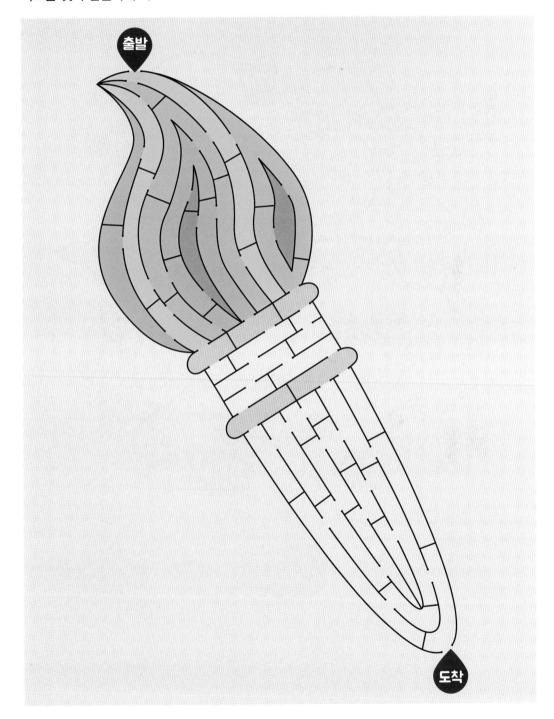

갯수 맞추기

보기와 같은 그림이 몇개나 있을까요? 네모 안에 갯수를 써주세요.

문제도 풀고 좋은 기억도 만드는 **치매 예방 프로그램**

그림자를 찾아 주세요.

그림과 모양이 같은 그림자를 찾아 주세요.

미로 찾기

미로를 찾아 탈출하세요.

그림을 보고 계산해주세요.

저울에 올라간 두 개의 추에 합이 오른쪽과 왼쪽이 똑같게 해주세요.

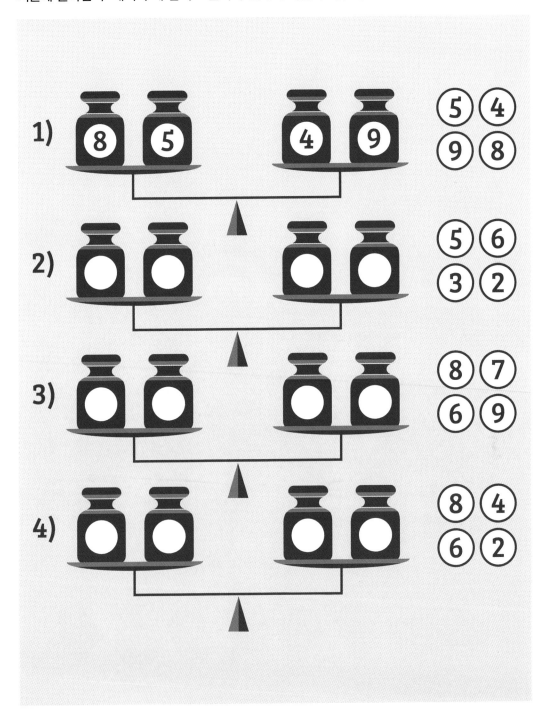

숨은 그림 찾기

숨어 있는 그림을 찾아 주세요.

다른 그림 찾기

위와 아래에 있는 그림을 자세히 살펴보세요. 다른 그림이 7개가 있습니다. 모두 찾아 주세요.

같은 그림 찾기

다음 그림 중에 같은 그림 2개를 찾아주세요.

미로 찾기

미로를 찾아 탈출하세요.

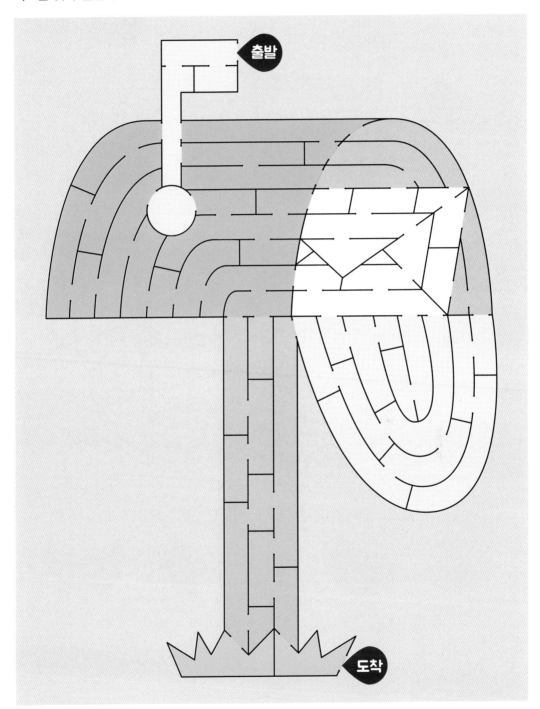

갯수 맞추기

보기와 같은 그림이 몇개나 있을까요? 네모 안에 갯수를 써주세요.

그림자를 찾아 주세요.

그림과 모양이 같은 그림자를 찾아 주세요.

미로 찾기

미로를 찾아 탈출하세요.

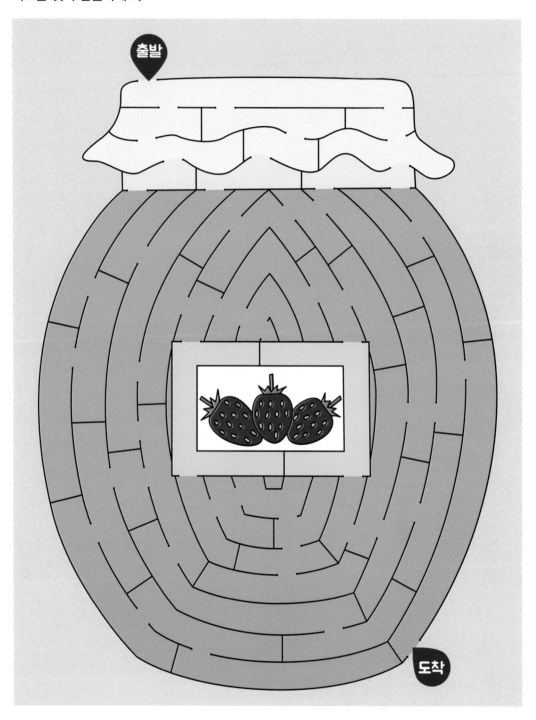

그림을 보고 계산해주세요.

저울에 올라간 물건의 합을 보고 물건의 무게가 얼마인지 알아내서 문제를 풀어 주세요.

숨은 그림 찾기

숨어 있는 그림을 찾아 주세요.

다른 그림 찾기

위와 아래에 있는 그림을 자세히 살펴보세요. 다른 그림이 10개가 있습니다. 모두 찾아 주세요.

같은 그림 찾기

5번과 같은 그림을 만들려면 어떤 모양의 조각이 필요할까요? 다음 그림에서 찾아주세요.

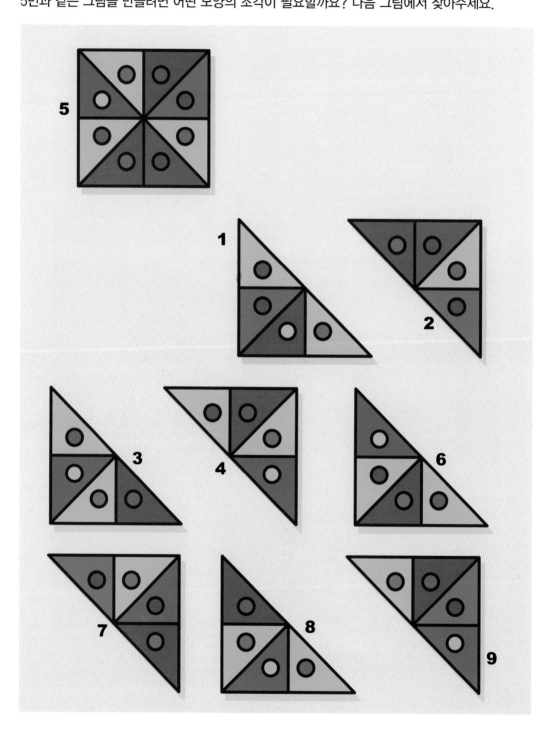

미로 찾기

미로를 찾아 탈출하세요.

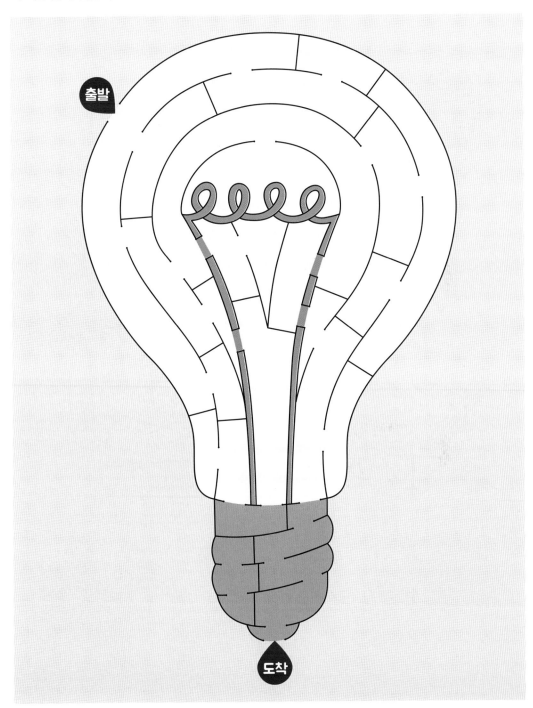

갯수 맞추기

보기와 같은 그림이 몇개나 있을까요? 네모 안에 갯수를 써주세요.

그림자를 찾아 주세요.

그림과 모양이 같은 그림자를 찾아 주세요.

미로 찾기

미로를 찾아 탈출하세요.

그림을 보고 계산해주세요.

저울에 올라간 물건의 합을 보고 물건의 무게가 얼마인지 알아내서 문제를 풀어 주세요.

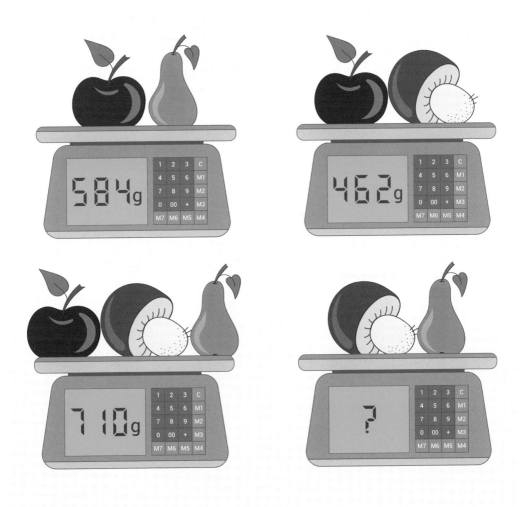

숨은 그림 찾기

숨어 있는 그림을 찾아 주세요.

다른 그림 찾기

위와 아래에 있는 그림을 자세히 살펴보세요. 다른 그림이 10개가 있습니다. 모두 찾아 주세요.

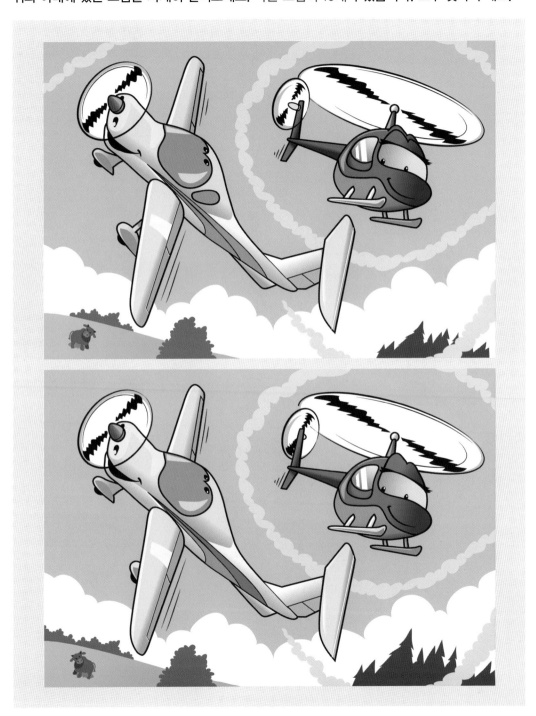

같은 그림 찾기

다음 장화 중에 같은 짝의 장화를 모두 찾고, 짝이 없는 장화 1개를 표시해 주세요.

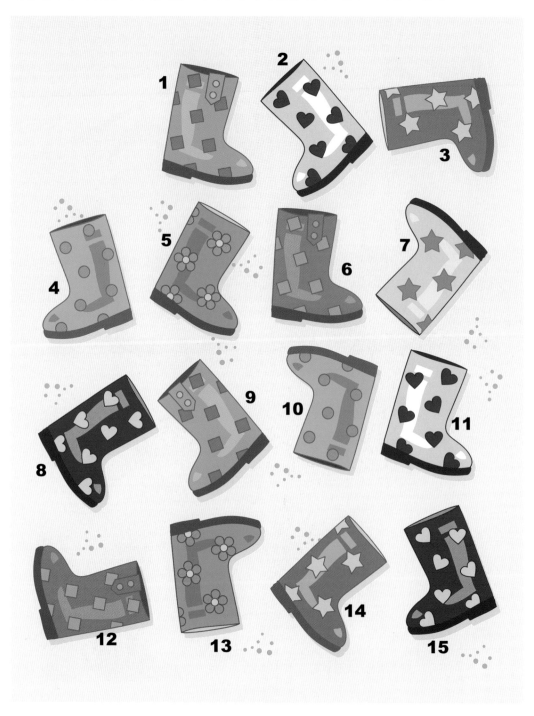

미로 찾기

미로를 찾아 탈출하세요.

갯수 맞추기

보기와 같은 그림이 몇개나 있을까요? 네모 안에 갯수를 써주세요.

문제도 풀고 좋은 기억도 만드는 **치매 예방 프로그램**

그림자를 찾아 주세요.

그림과 모양이 같은 그림자를 찾아 주세요.

미로 찾기

미로를 찾아 탈출하세요.

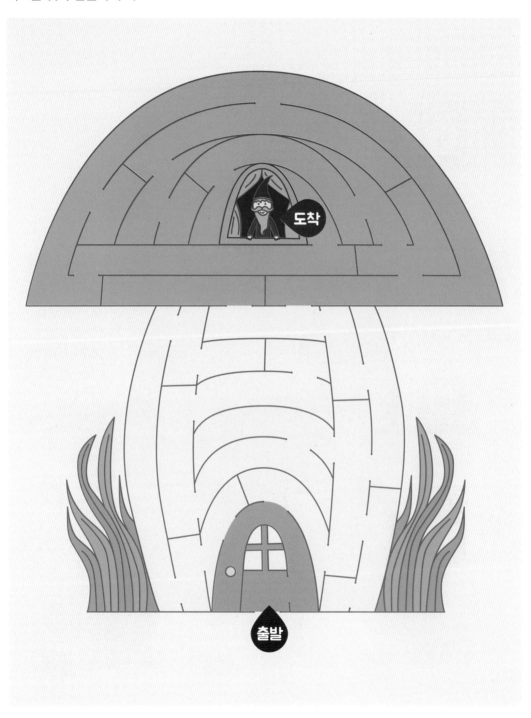

그림을 보고 계산해주세요.

저울에 올라간 두 개의 추에 합이 오른쪽과 왼쪽이 똑같게 해주세요.

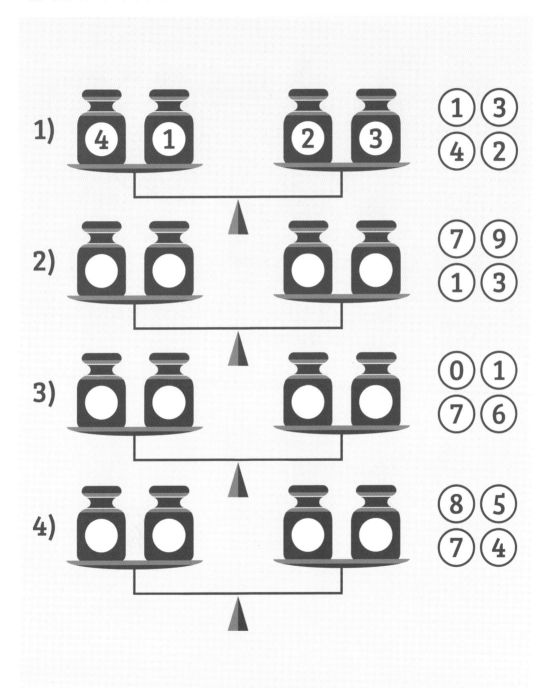

숨은 그림 찾기

숨어 있는 그림을 찾아 주세요.

다른 그림 찾기

위와 아래에 있는 그림을 자세히 살펴보세요. 다른 그림이 10개가 있습니다. 모두 찾아 주세요.

위에서 본 모양 찾기

다음 그림 중 옆에서 본 모양을 위에서 보았을때 어떤 모양인지 모두 찾아주세요.

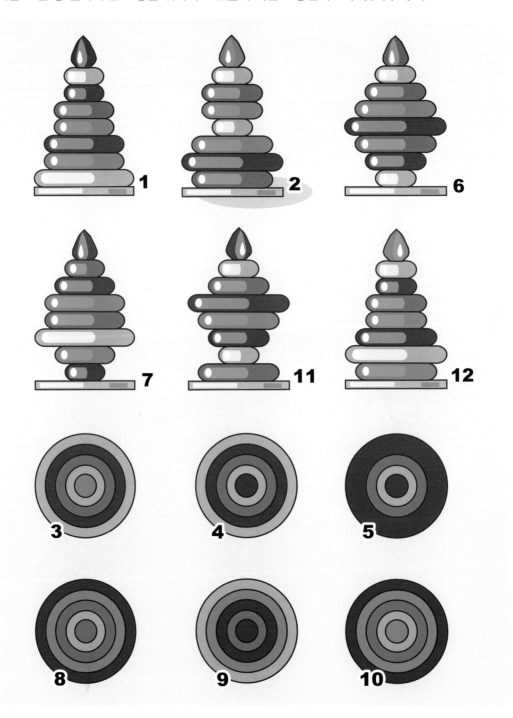

미로 찾기

미로를 찾아 탈출하세요.

갯수 맞추기

보기와 같은 그림이 몇개나 있을까요? 네모 안에 갯수를 써주세요.

그림자를 찾아 주세요.

그림과 모양이 같은 그림자를 찾아 주세요.

미로 찾기

미로를 찾아 탈출하세요.

문제도 풀고 좋은 기억도 만드는 **치매 예방 프로그램**

그림을 보고 계산해주세요.

저울에 올라간 두 개의 추에 차가 오른쪽과 왼쪽이 똑같게 해주세요.

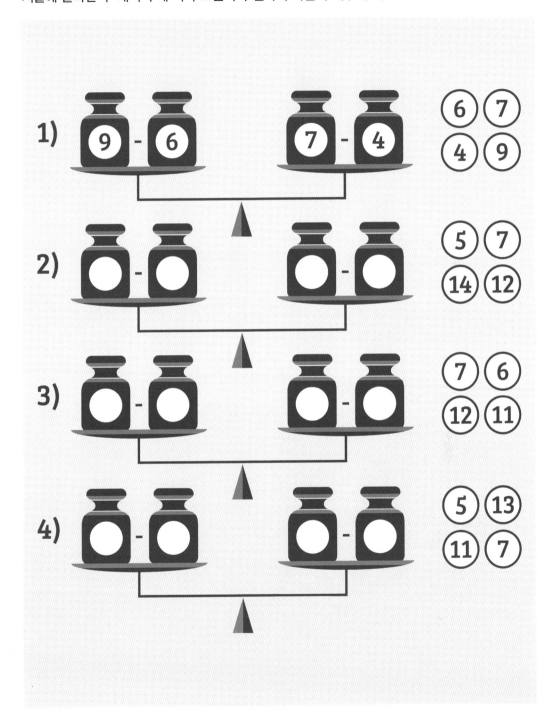

숨은 그림 찾기

숨어 있는 그림을 찾아 주세요.

다른 그림 찾기

위와 아래에 있는 그림을 자세히 살펴보세요. 다른 그림이 10개가 있습니다. 모두 찾아 주세요.

같은 짝 찾기

다음 그림 중 홈 모양에 맞는 도형의 짝을 찾아주세요.

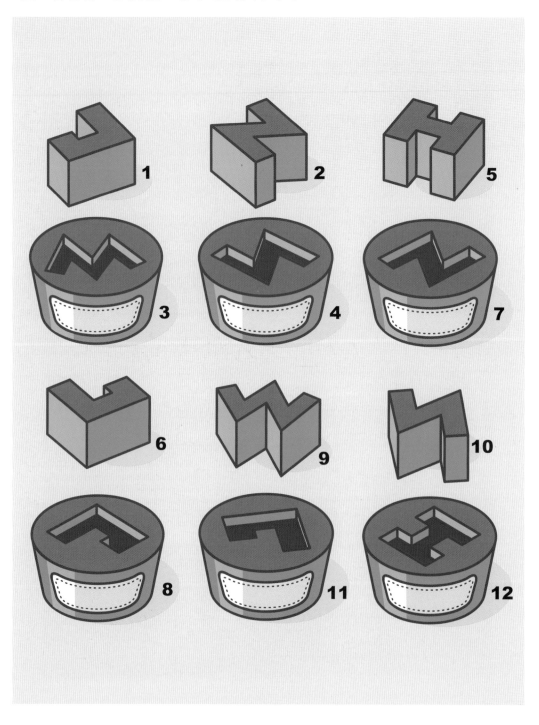

미로 찾기

미로를 찾아 탈출하세요.

갯수 맞추기

보기와 같은 그림이 몇개나 있을까요? 네모 안에 갯수를 써주세요.

문제도 풀고 좋은 기억도 만드는 **치매 예방 프로그램**

그림자를 찾아 주세요.

그림과 모양이 같은 그림자를 찾아 주세요.

미로 찾기

미로를 찾아 탈출하세요.

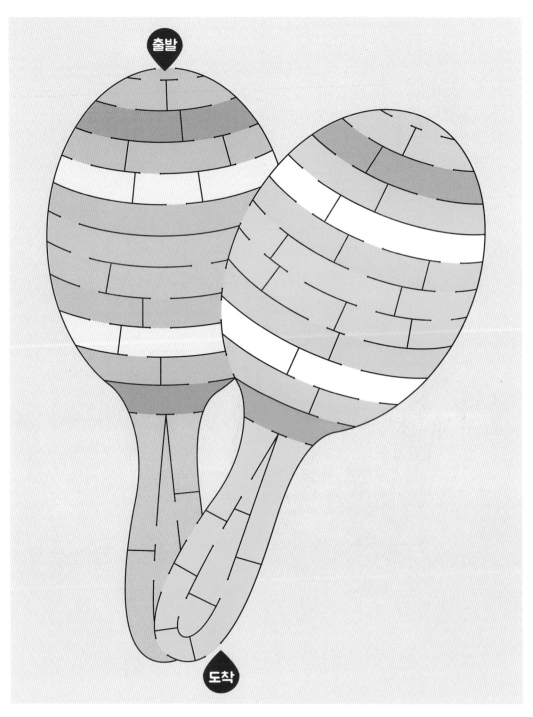

그림을 보고 계산해주세요.

저울에 올라간 두 개의 추에 차가 오른쪽과 왼쪽이 똑같게 해주세요.

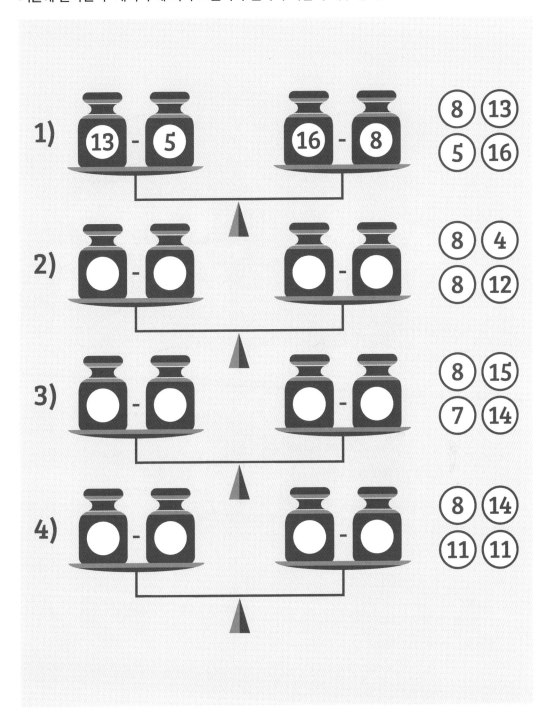

숨은 그림 찾기

숨어 있는 그림을 찾아 주세요.

다른 그림 찾기

위와 아래에 있는 그림을 자세히 살펴보세요. 다른 그림이 7개가 있습니다. 모두 찾아 주세요.

같은 짝 찾기

다음 그림 중 홈 모양에 맞는 도형의 짝을 찾아주세요.

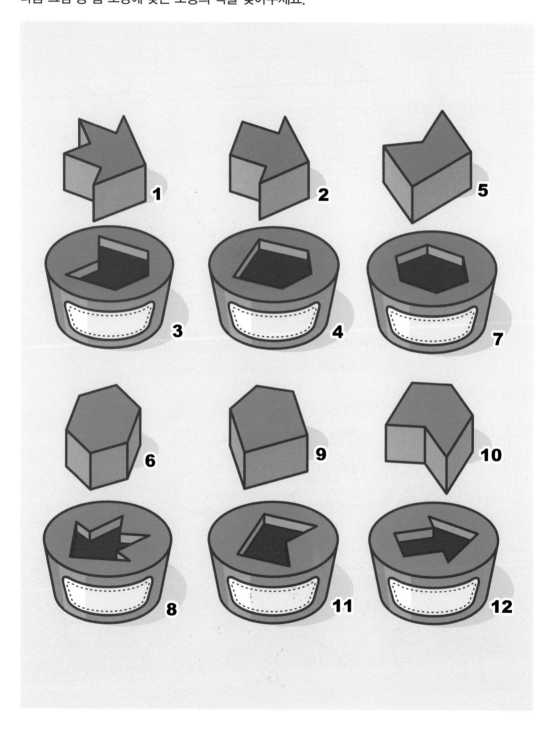

미로 찾기

미로를 찾아 탈출하세요.

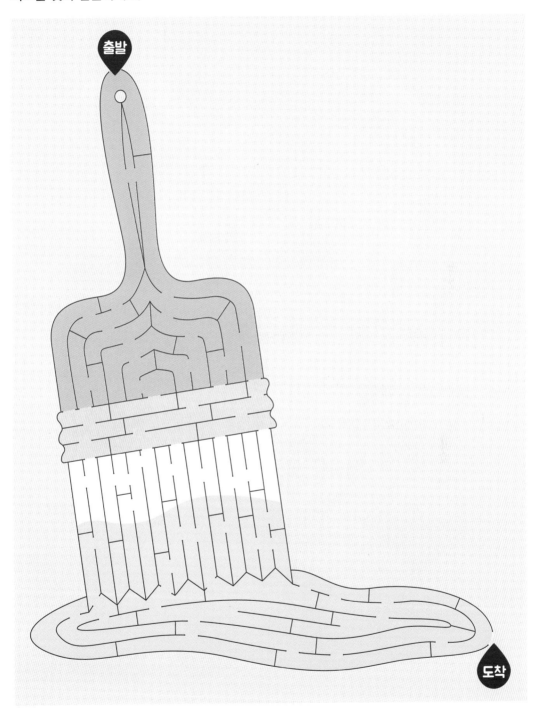

갯수 맞추기

보기와 같은 그림이 몇개나 있을까요? 네모 안에 갯수를 써주세요.

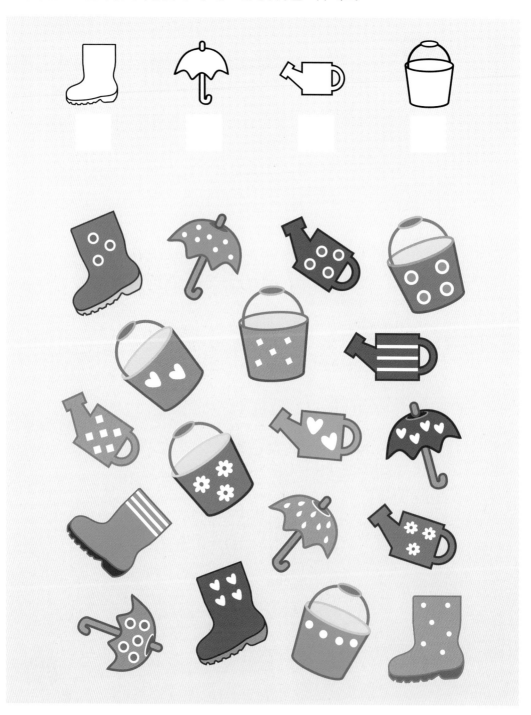

그림자를 찾아 주세요.

그림과 모양이 같은 그림자를 찾아 주세요.

미로 찾기

미로를 찾아 탈출하세요.

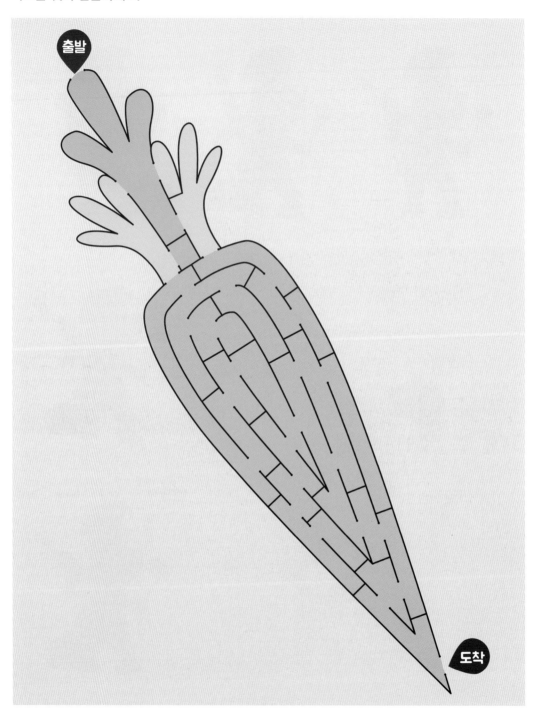

그림을 보고 계산해주세요.

저울에 올라간 두 개의 추에 차가 오른쪽과 왼쪽이 똑같게 해주세요.

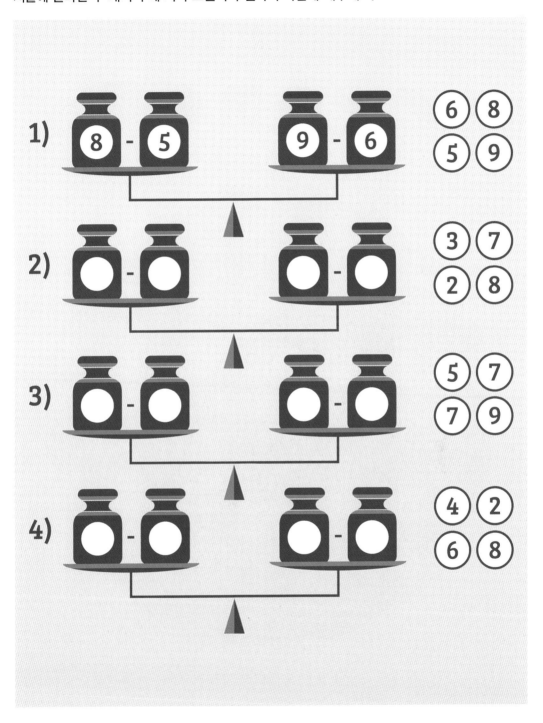

숨은 그림 찾기

숨어 있는 그림을 찾아 주세요.

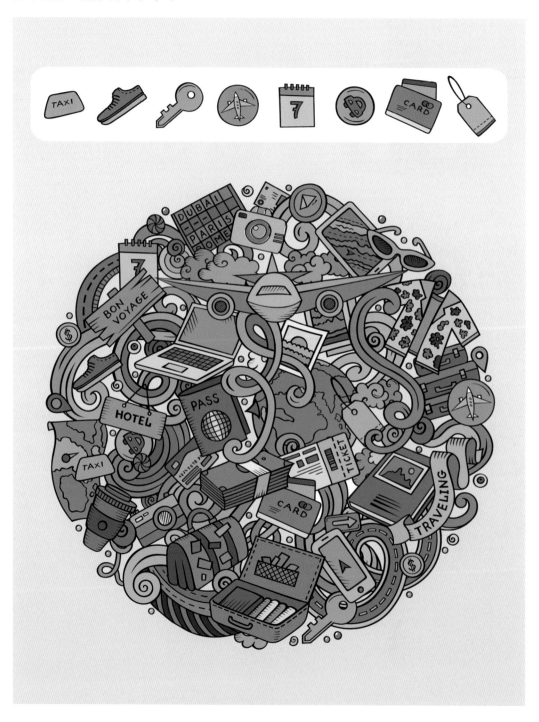

다른 그림 찾기

위와 아래에 있는 그림을 자세히 살펴보세요. 다른 그림이 10개가 있습니다. 모두 찾아 주세요.

같은 짝 찾기

다음 그림 중 홈 모양에 맞는 도형의 짝을 찾아주세요.

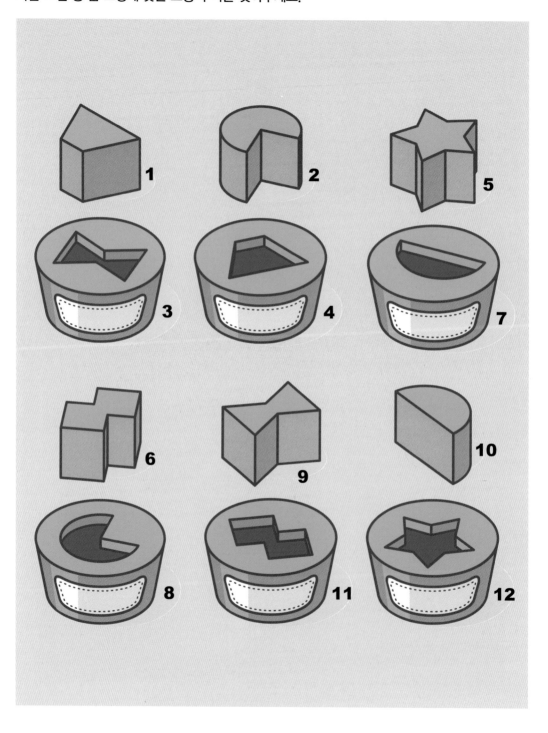

미로 찾기

미로를 찾아 탈출하세요.

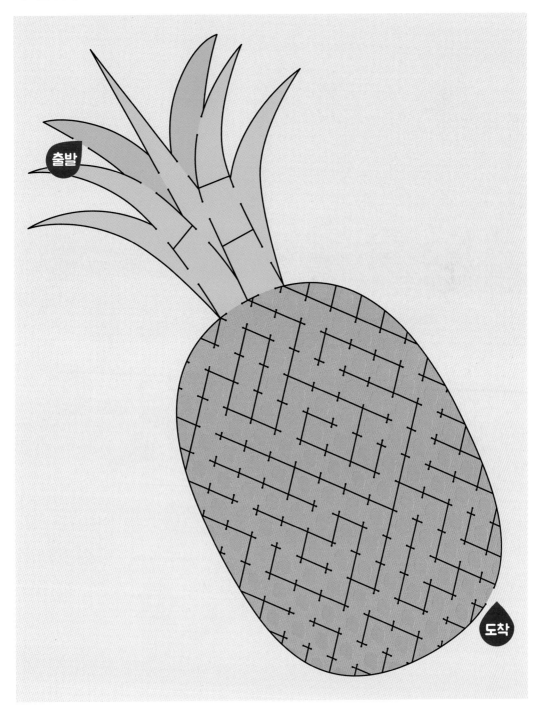

갯수 맞추기

보기와 같은 그림이 몇개나 있을까요? 네모 안에 갯수를 써주세요.

그림자를 찾아 주세요.

그림과 모양이 같은 그림자를 찾아 주세요.

미로 찾기

미로를 찾아 탈출하세요.

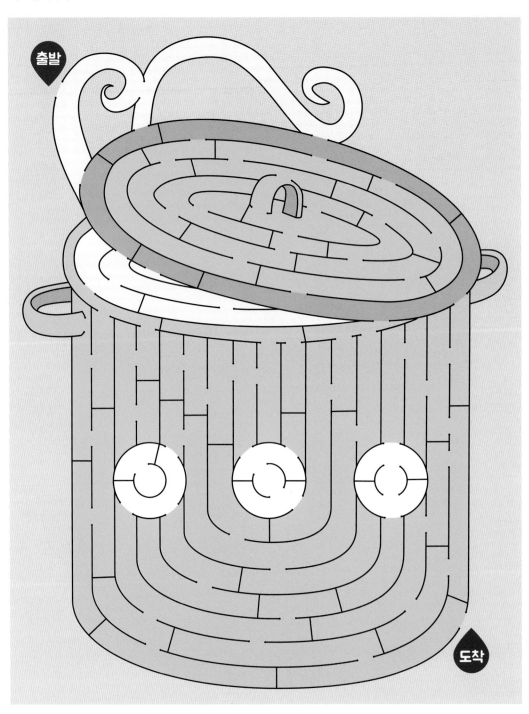

그림을 보고 계산해주세요.

저울에 올라간 두 개의 추에 차가 오른쪽과 왼쪽이 똑같게 해주세요.

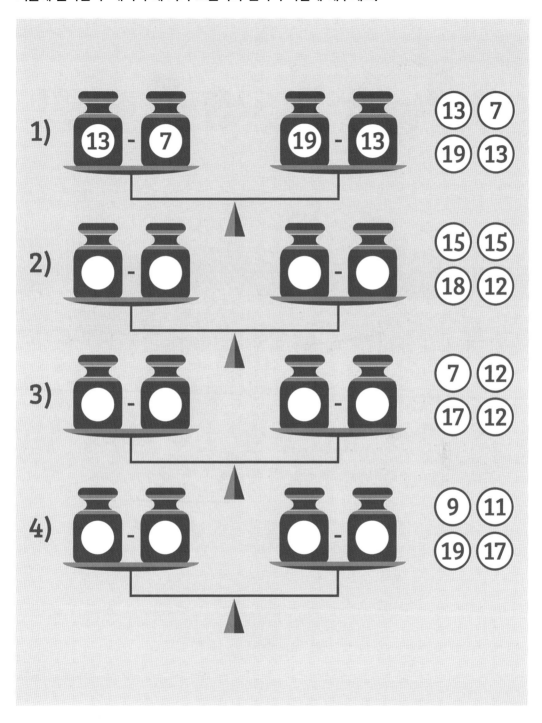

숨은 그림 찾기

숨어 있는 그림을 찾아 주세요.

문제도 풀고 좋은 기억도 만드는 **치매 예방 프로그램**

다른 그림 찾기

위와 아래에 있는 그림을 자세히 살펴보세요. 다른 그림이 7개가 있습니다. 모두 찾아 주세요.

위에서 본 모양 찾기

다음 그림 중 옆에서 본 모양을 위에서 보았을때 어떤 모양인지 모두 찾아주세요.

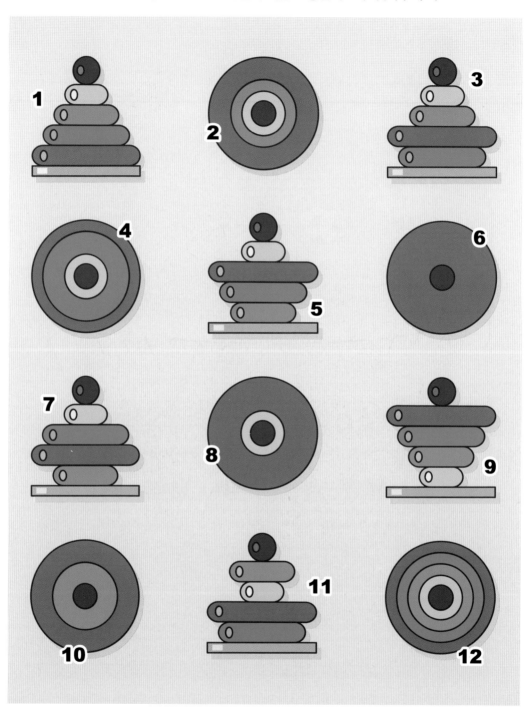

미로 찾기

미로를 찾아 탈출하세요.

갯수 맞추기

보기와 같은 그림이 몇개나 있을까요? 네모 안에 갯수를 써주세요.

그림자를 찾아 주세요.

그림과 모양이 같은 그림자를 찾아 주세요.

미로 찾기
미로를 찾아 탈출하세요.

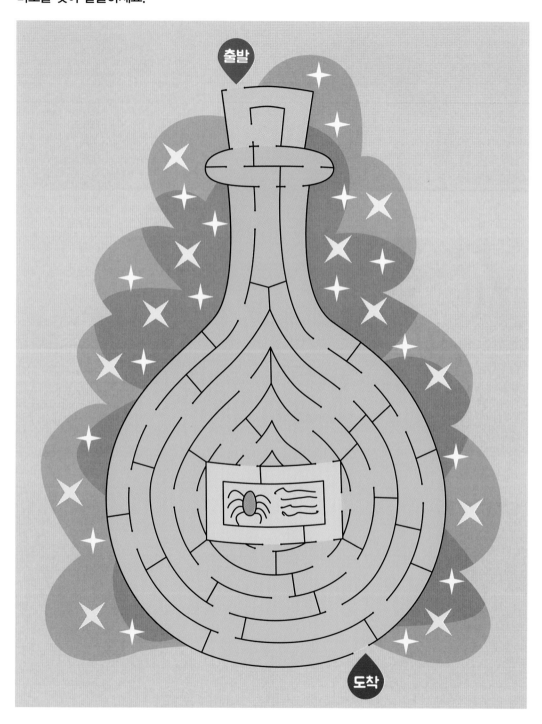

문제도 풀고 좋은 기억도 만드는 **치매 예방 프로그램**

p. 4

p. 5

p. 6

p. 7

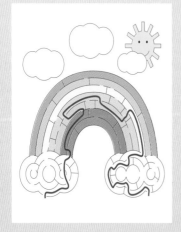

p. 8

p. 9

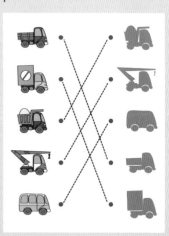

p. 10

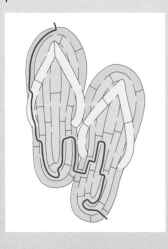

p. 11

(❶ - ❷) = 양파 하나 무게 90g
(❶ - ❸) = 토마토 하나 무게 120g

p. 12

p. 13

p. 14

p. 15

p. 16

(6) (7) (11) (8) (7)

p. 17

p. 18

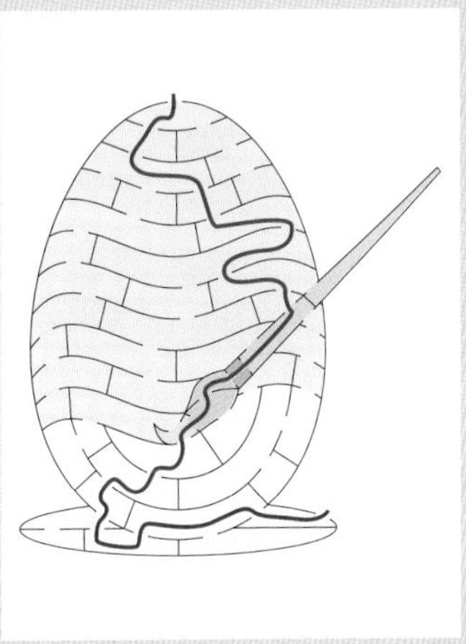

p. 19

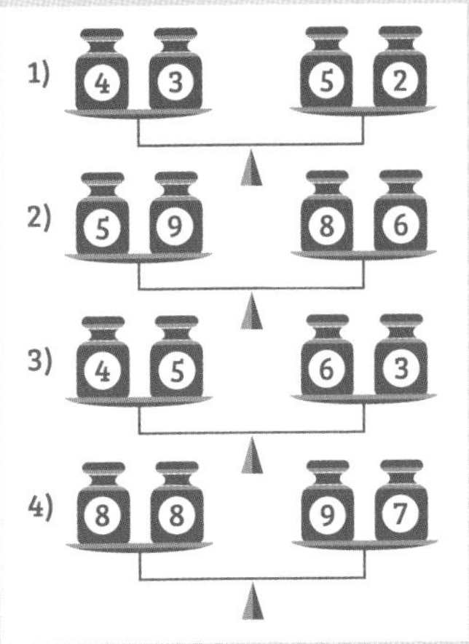

1) 4 3 5 2
2) 5 9 8 6
3) 4 5 6 3
4) 8 8 9 7

p. 20

p. 21

p. 22

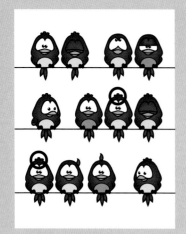

p. 23

p. 24

p. 25

p. 26

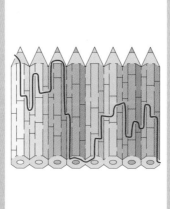

p. 27

(❷ + ❸ − ❶) ÷ 2 = 호박 하나 무게 125g
호박 하나 무게 125g + ❶ = 정답

335g

p. 28

p. 29

p. 30

p. 31

p. 32

4 3 10 5 2

p. 33

p. 34

p. 35

683g ❶ 850g ❷ 456g ❸ ? 561g

(❷-❸) = 사과 하나 무게 394g
(❷-❶) = 버섯 하나 무게 167g

p. 36

p. 37

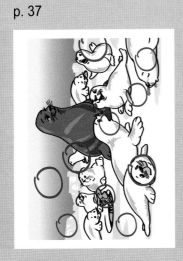

p. 38

13 (1 - 19, 2 - 8, 3 - 12, 4 - 11, 5 - 18, 6 - 17, 7 - 15, 9 - 14, 10 - 16).

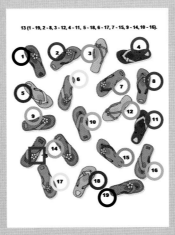

p. 39

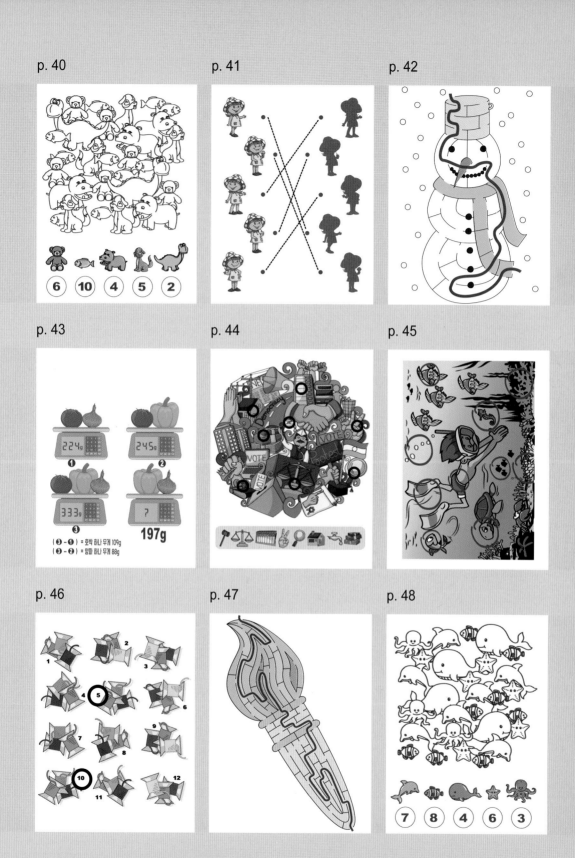

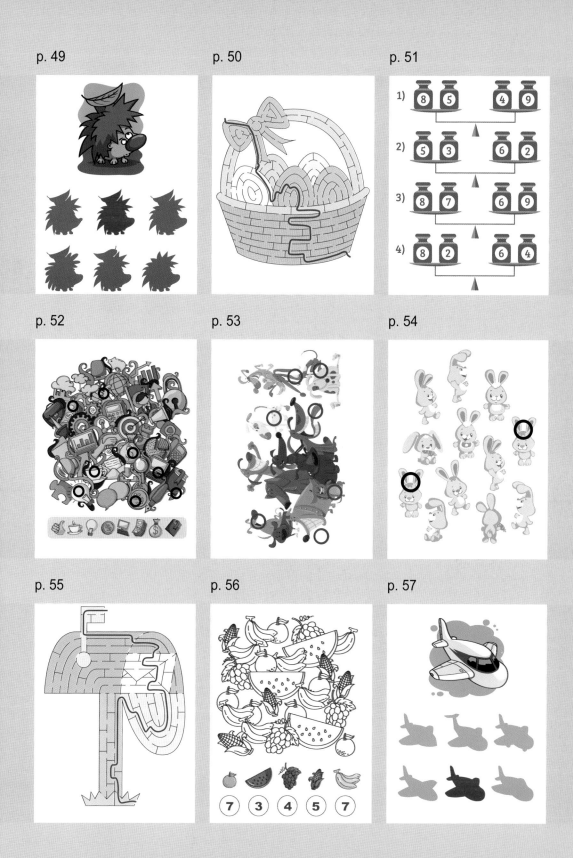

p. 49

p. 50

p. 51

p. 52

p. 53

p. 54

p. 55

p. 56

p. 57

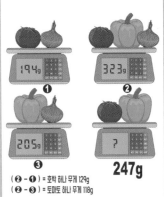

(②-①) = 호박 하나 무게 129g

(②-③) = 토마토 하나 무게 118g

247g

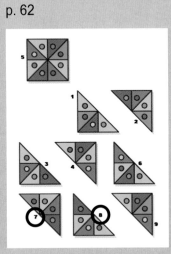

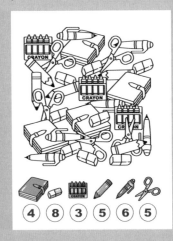

④ ⑧ ③ ⑤ ⑥ ⑤

p. 67

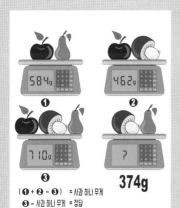

p. 68

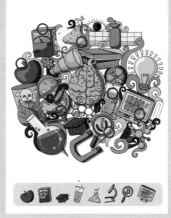

p. 69

p. 70

p. 71

p. 72

p. 73

p. 74

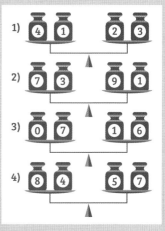

p. 75

p. 76

p. 77

p. 78

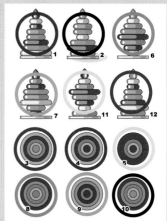

p. 79

p. 80

p. 81

p. 82

p. 83

1) 9 - 6   7 - 4   6 7 4 9

2) 14 - 7   12 - 5

3) 12 - 7   11 - 6

4) 13 - 7   11 - 5

p. 84

p. 85

p. 86

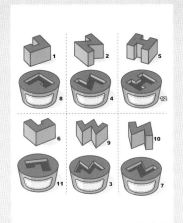

p. 87

p. 88

p. 89

p. 90

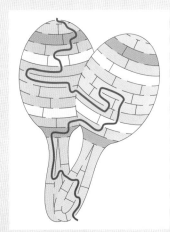

p. 91

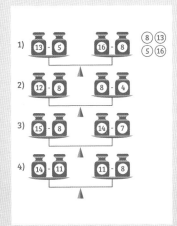

p. 92

p. 93

p. 94

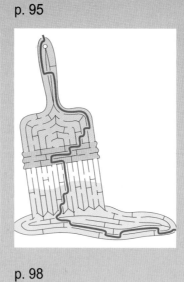

p. 95

p. 96

p. 97

p. 98

p. 99

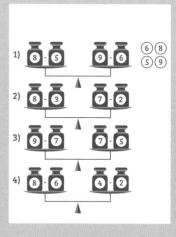

p. 100

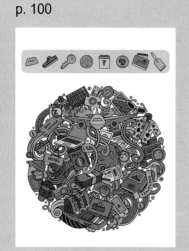

p. 101

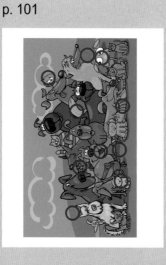

p. 102

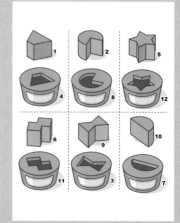

p. 103

p. 104

p. 105

p. 106

p. 107

p. 108

p. 109

p. 110

p. 111

p. 112

p. 113

p. 114

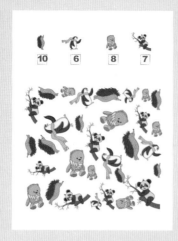

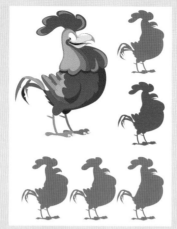